Stiftung
Preussische Schlösser und Gärten
Berlin-Brandenburg

Petra Wesch

Schloss Sanssouci

Die Sommerresidenz Friedrichs des Großen

unter Mitarbeit von
Rosemarie Heise-Schirdewan
und
Bärbel Stranka

Prestel
München · Berlin · London · New York

INHALT

Schloss Sanssouci

Sanssouci und Friedrich der Große

Friedrich II. im Purpurmantel mit Hermelinbesatz, Schärpe des Schwarzen-Adler-Ordens und tressenbesetztem Dreispitz, 1740 Antoine Pesne (1683–1757).

Wie ein Juwel bekrönt das Schloss Sanssouci den Weinberg. Seine Besonderheit liegt nicht nur in der vollendeten Architektur und traumhaften Lage, sondern ebenso in der engen Verbindung mit dem Namen seines Erbauers, Friedrichs des Großen.

Friedrich der Große wurde am 24. Januar 1712 als Hohenzollernspross des späteren Soldatenkönigs Friedrich Wilhelm I. und Sophie Dorothea von Hannover geboren. Autoritär und unnachgiebig versuchte Friedrich Wilhelm I. aus seinem Sohn einen ebenso rationalen und militanten Monarchen zu machen, wie er selbst einer war. Sehr zum Leidwesen des Vaters beschäftigte sich Friedrich aber schon in jungen Jahren entgegen der väterlichen Anweisung mit Kunst und Philosophie, musizierte, schrieb Gedichte und unterhielt später eine ausgedehnte Korrespondenz mit bedeutenden Wissenschaftlern und Philosophen seiner Zeit. Als der Soldatenkönig 1740 starb, hatte er eine gut organisierte, zentralistische Staatsverwaltung hinterlassen und aus dem einstigen »Musenhof« seiner Eltern ein »Sparta des Nordens« gemacht. Nun blickte ganz Europa mit Erwartung auf den neuen König, der als aufgeklärt galt, musisch gebildet war und mit seinem Charme einzunehmen wusste. Die andere Seite seiner Persönlichkeit entsetzte bald nicht nur die Kaiserin Maria Theresia, die »den böhsen Mann« in drei Schlesischen Kriegen als kühlen Machtpolitiker kennen lernen musste.

In den Friedensjahren zwischen den Kriegen knüpfte Friedrich der Große wieder an das Bild des aufgeklärten Monarchen und Friedensfürsten an, residierte in den warmen Monaten des Jahres in seinem kleinen Lustschloss Sanssouci. Die geistvollsten Männer Europas trafen sich auf dem Weinberg bei Potsdam zur berühmten Tafelrunde, philosophierten über Gott und die Welt und lauschten dem »Philosophen von Sanssouci« beim Flötenspiel.

Doch eines vergaß Friedrich der Große nie: dass er eine Pflicht als König zu erfüllen hatte. Verkündete noch Ludwig XIV. »Der Staat bin ich!«, so erklärte Friedrich II., der »erste Diener seines Staates« zu sein. Eine Flut von Erlassen und Befehlen verließ täglich das Schloss. Nichts überließ der König dem Selbstlauf. Besonders nach dem Siebenjährigen Krieg wurde er immer misstrauischer und kontrollierte persönlich die Ausführung seiner Anweisungen und Befehle. Obwohl die Gicht ihn beugte, begab er sich auf seinen Stock gestützt auf Inspektionsreisen. Aus Friedrich dem Großen wurde der Alte Fritz. Als solcher immer zynischer und verbitterter, nahm er die Zeichen des neuen Zeitalters der Französischen Revolution nicht mehr wahr und konzentrierte mit eisernem Willen alle Macht in seiner Hand. Neuen Ideen stand er konservativ gegenüber. Als Friedrich der Große am 17. August 1786 starb, hatte er sich selbst überlebt, nicht aber sein Schloss.

Sanssouci und Friedrich der Große ziehen jährlich über 300 000 Besucher in ihren Bann. Auch bedeutende Staatsmänner von Napoleon bis Bill Clinton folgten dem Mythos des Mannes, der schon zu Lebzeiten Legende war.

Die Baugeschichte

Die Geschichte von Sanssouci begann im August 1743 mit dem Ausritt zu einem Picknick vor den Toren Potsdams. »Wir haben gestern auf dem Hügel gespeist, von dem die Aussicht reizend ist.« Von der anfänglichen Begeisterung bis zur großen Idee, eine Schlossanlage zu bauen, sollte jedoch noch einige Zeit vergehen.

Zu Beginn dachte Friedrich nur an einen Weinberg. Er kaufte dem Potsdamer Waisenhaus den ehemals »wüsten Berg« ab, ließ ihn vermessen und am 10. August 1744 wurde die Kabinettsorder zum Anlegen eines Weinberges herausgegeben. Die nach innen geschwungenen Terrassen sind parabolisch konstruiert, damit sie möglichst viel Sonne auffangen. So konnten neben den einheimischen Sorten auch die kostbaren Weinstöcke aus Italien, Portugal und Frankreich gedeihen. Sogar Feigen reiften damals hinter verglasten Nischen.

Schon 1744 fasste Friedrich der Große den ungewöhnlichen Entschluss, sich eine Gruft auf der obersten Terrasse anlegen zu lassen. Nach dem Willen des aufgeklärten Monarchen sollte ein neues Arkadien entstehen, in dem auch der Tod seinen Platz hatte.

Wann genau der König an den Bau eines Schlosses auf dem Berg gedacht hat, wird wohl nicht herauszufinden sein. Der Grundstein zu einem Lusthaus wurde am 14. April 1745 gelegt. Nach einer kurzen Bauzeit von nur zwei Jahren berichtete die Spenersche Zeitung: »Gestern haben seine Majestät, der König; dero bey Potsdam gantz neu erbautes, ungemein prächtiges Sommer Palais, Sans Souci, bezogen, und allda des Mittags an einer Tafel von 200 Couverts gespeist ...«.

Auf der Entwurfsskizze Friedrichs des Großen von 1744 ist der Grundriss des Schlosses Sanssouci mit der Terrassenanlage zu erkennen. Der König bediente sich hier der militärischen Kavalier-Perspektive. Eine Art Vogelperspektive, mit der er einfach, aber anschaulich seine Vorstellungen äußerte, die dann vom Architekten »ins Reine« zu bringen waren.

Das große Rondell unterhalb von Schloss Sanssouci ist von Meisterwerken französischer Bildhauerkunst umgeben. Neben Werken der Brüder Lambert Sigisbert (1700–1759) und François Gaspard (1710–1761) Adam befinden sich auch zwei Figuren von Jean Baptiste Pigalle (1714–1785), ein Geschenk Ludwigs des XV. an Friedrich den Großen.

Die Bacchanten und Bacchantinnen aus Sandstein nehmen als fröhliche Begleiter des Weingottes das Programm des Schlosses, ganz »sans souci« zu sein, heiter auf. Die ersten Ideenskizzen dazu stammen vom Baumeister des Schlosses, Georg Wenzeslaus von Knobelsdorff (1699–1753), als Bildhauer dieser lustvollen Gestalten ist Friedrich Christian Glume (1714–1752) zu nennen.

Nächste Doppelseite:
Blick vom Rondell über den Weingarten zum Schloss.

Der Ehrenhof als der offizielle Haupteingang des Schlosses wird von zwei viertelkreisförmigen Kolonnaden umschlossen. Sowohl die korinthische Ordnung der Säulen als auch die Pilaster an der Schlossfassade wurden mit Bedacht gewählt. Korinthische Kapitelle wurden nur für Gebäude hochrangiger Bewohner verwendet. Damit war den damaligen Besuchern bewusst, von wem sie empfangen wurden.

Wie sehr sich der König für sein Refugium vor den Toren Potsdams interessierte, belegen Briefe und eigenhändige Skizzen. Ungeduldig forderte er selbst während des Zweiten Schlesischen Krieges 1745 Bauberichte und Kostenvoranschläge an und beorderte Bauleiter zu sich ins Feldlager.

Friedrich der Große orientierte sich in seinen architektonischen Vorstellungen an den italienischen und französischen Bautheoretikern. Hauptsächlich dem damals üblichen Typ eines Lustschlosses, dem »maison de plaisance« folgend, war das Schloss auf die Bedürfnisse seines Bewohners zugeschnitten. So liegt die Bibliothek als privater Ort äußerster Konzentration außerhalb der höfischen Raumflucht und ist nur durch einen separaten Gang zu erreichen.

Georg Wenzeslaus von Knobelsdorff, der bedeutendste Baumeister Preußens im 18. Jahrhundert, kannte seinen Auftraggeber schon vom Ausbau des kronprinzlichen Schlosses in Rheinsberg. Für ihn war es nicht immer leicht, auf die eigenwilligen Wünsche seines Bauherren einzugehen und dennoch seinen eigenen künstlerischen Auffassungen treu zu bleiben. Geschult an klassischen Formen der Antike und modernen französischen Bauten, entwarf Knobelsdorff einen Schlossbau in ausgewogenen Proportionen, dessen Leichtigkeit und Eleganz beispielhaft den Stil des Rokoko präsentiert.

Das Schloss zeigt zur Gartenseite hin eine heitere Fassade: Eine ausgelassene Gesellschaft von Bacchantinnen und Bacchanten aus Sandstein nimmt das Motiv des Weinberges wieder auf und gibt sich ganz »sans souci« – ohne Sorge. Im Ehrenhof wird der Gast von einer majestätischen Säulenkolonnade empfangen. Diese fast klassizistische Ansicht betont den offiziellen Charakter, denn Friedrich der Große war im Schloss Sanssouci nicht nur geistvoller Gastgeber, sondern in erster Linie König.

Erst unter Friedrich Wilhelm IV. wurden 1840 die Seitenflügel des Schlosses verlängert und aufgestockt. Der kunstinteressierte König veranlasste seine Baumeister Ludwig Persius und Ferdinand Hesse die Formensprache Knobelsdorffs beizubehalten, um das Schloss als einheitliches Ganzes erscheinen zu lassen.

Friedrich der Große, 1745, Gemälde von Antoine Pesne (1683–1757).

Friedrich Wilhelm II., um 1773 Gemälde von Anna Dorothea Therbusch (1721–1782).

Friedrich Wilhelm III. und Luise im Charlottenburger Schlossgarten, 1799, Gemälde von Friedrich Georg Weitsch (1758–1828).

Schloss Sanssouci und seine Bewohner

Friedrich der Große war unbestritten der berühmteste Bewohner des Schlosses: Von 1747 bis zu seinem Tod 1786 war Sanssouci bevorzugter Wohnort in den Sommermonaten, die Kriegszeiten ausgenommen. Königin Elisabeth Christine hatte er schon kurz nach Thronbesteigung aus seiner Umgebung in das Schloss Schönhausen verbannt. Schloss Sanssouci war von Anfang an für ihn und seine Gäste geplant. Wer in den fünf Gästezimmern wohnte, ist leider nur vom letzten Gästezimmer bekannt. Es wurde nach dem Grafen Rothenburg benannt, der es bis zu seinem Tod 1751 während der Sommermonate bewohnte.

Friedrich der Große blieb kinderlos und bestimmte seinen Neffen Friedrich Wilhelm zu seinem Thronfolger. Als Friedrich Wilhelm II. bewohnte dieser das Schloss nur zeitweise bis zur Fertigstellung des Marmorpalais 1791. Bevor sich Friedrich Wilhelm II. in Sanssouci aufhielt, ließ er noch im Todesjahr Friedrichs des Großen das Arbeits- und Schlafzimmer im klassizistischen Stil umgestalten. Was Friedrich der Große von seinem Nachfolger hielt, schrieb er seinem Minister Hoym: »Mein Neffe wird den Staatsschatz verschwenden, die Armee ausarten lassen. Die Weiber werden regieren, der Staat wird zugrunde gehen.«

Dessen Sohn, Friedrich Wilhelm III., nutzte das Schloss ebenfalls zu Sommeraufenthalten, ohne etwas zu verändern. Vielleicht brachte seine Gemahlin Königin Luise mit ihrem natürlichen Charme wieder etwas Esprit nach Sanssouci. Friedrich dem Großen hätte es sicher gefallen, sie im waghalsigen Ritt die Rampe an der Terrasse hinunter reiten zu sehen.

Friedrich Wilhelm IV., ältester Sohn Königin Luises und Friedrich Wilhelms III., war mit dem Schloss Sanssouci und seinem Park schon von Kindheit an vertraut. Aus Hochachtung und Pietät vor Friedrich dem Großen, rührte er dessen Privatgemächer nicht an. Ab 1835 richtete er sich mit seiner Gemahlin Elisabeth von Bayern in den Gästezimmern ein und ließ für den Hofstaat und seine Gäste die Seitenflügel des Schlosses baulich verändern. Friedrich Wilhelm IV. hielt sich gern in Sanssouci auf und starb dort 1861. Seine Witwe blieb Sanssouci bis zu ihrem Tod 1873 treu. Danach wurde aus dem Lieblingsschloss Friedrichs des Großen ein Museum.

Friedrich Wilhelm IV., 1820, Gemälde von Ernst Gebauer (1782–1865).
Elisabeth von Bayern als Braut, um 1823, Gemälde von Joseph Karl Stieler (1781–1858).

Das Vestibül – Entrez s'il vous plait

Vom nördlich gelegenen Ehrenhof aus betritt man das Schloss durch das Vestibül, dessen Funktion, ähnlich jener der Hoffassade, durch eine sparsame und zurückhaltende Formgebung zum Ausdruck gebracht wird. Der elegante Farbklang von Silbergrau und Gold unterstreicht die Funktion des Vorsaales als Empfangsraum für Gäste. Zehn Paar korinthische Säulen aus Stuckmarmor mit vergoldeten Kapitellen und Basen beherrschen hier die Architektur. Die klare Gliederung des Raumes wird durchbrochen von heiteren und verspielten Formen des Rokoko, die sich auch im Deckengemälde von Johann Harper, 1746, zeigen: Auf Wolken schwebend, beschenken die Blumengöttin Flora und Genien die Erde mit Blumen und Früchten und heißen den eintretenden Gast willkommen. Die vergoldeten Supraportenreliefs über den Türen sind dem Bacchusmythos entnommen und stellen Nymphen beim Tanz um eine Panherme, den Triumphzug des Bacchus und den Zug des trunkenen Silen dar. Vergoldete, schwungvolle Rocaille-Schnitzereien in den Türfüllungen zeigen Vasen mit Weinranken, bekränzte Hermen und Musikembleme, die das Weinberghaus charakterisieren.

Die hohen Fenster geben den Blick über den Ehrenhof zum gegenüberliegenden Ruinenberg frei. Knobelsdorff und der italienische Theatermaler Bellavite schufen ein Ensemble künstlicher Ruinen, das auf die Antike Bezug nimmt und eine eindrucksvolle Kulisse bildet. Die Ruinen gruppieren sich um ein großes Wasserbassin, das die Fontänen des Parks speisen sollte. Aber erst ein Jahrhundert später konnte mit Hilfe von Dampfmaschinen das Havelwasser auf den Ruinenberg gepumpt werden. Anregungen für die Gestaltung des Ruinenberges erhielt Friedrich der Große von seiner Lieblingsschwester, der Markgräfin Wilhelmine von Brandenburg-Bayreuth, die wenige Jahre zuvor ihrem Schlosspark künstliche Ruinen hinzugefügt hatte.

Detail der Sitzstatue des Mars mit Amor. Der entwaffnete Mars symbolisiert die Friedfertigkeit des Ortes.

Vom Vestibül blickt man über den Ehrenhof auf die künstlichen Ruinen, die an das antike Rom erinnern.

Korinthische Säulenpaare, sparsame Formen und zurückhaltende Farben verleihen dem Empfangssaal Würde und Eleganz. Verspielte Rokokoelemente und zwei Marmorstatuen heben die strenge Gliederung auf. Der Kriegsgott Mars, von Lambert Sigisbert Adam (1700–1759) nach einem antiken Vorbild in Rom meisterlich kopiert, ist ein Geschenk des französischen Königs Ludwig XV. an Friedrich den Großen von 1752. Gegenüber befand sich ursprünglich die antike Statue des Gottes Merkur. Sie wurde durch die Kopie der Neapeler Sitzstatue der Agrippina ersetzt, die Heinrich Berges (1805–1852) 1846 schuf.

Der Marmorsaal

Der Himmel weiß unendlich mehr als alle Philosophen.
Friedrich der Grosse

Als Schlossmittelpunkt bringt der Marmorsaal die Geisteshaltung und Gedankenwelt seines Bauherrn zum Ausdruck. Die Büste des schwedischen Königs Karl XII. von Jacques Philippe Bouchardon (1711–1753) ist ein Geschenk der schwedischen Königin Luise Ulrike, der Schwester Friedrichs des Großen.

Der hinter dem Vestibül gelegene ovale Festraum, Ort der berühmten »Tafelrunden« Friedrichs des Großen, wird durch acht korinthische Säulenpaare aus Carraramarmor gegliedert. Das Säulenmotiv wird von der Kolonnade des Hofes über das Vestibül, den Marmorsaal und die Karyatiden an der Südfassade des Schlosses bis in den Garten, hier in Form von Taxuspyramiden und Plastiken, fortgeführt. Werden im Ehrenhof Sandstein und im Vestibül Stuckmarmor verwendet, hebt im Marmorsaal das edle Material die Bedeutung des Raumes als Schlossmitte und repräsentativer Festsaal hervor. Säulen und Fußboden harmonieren mit Wänden, Fensterlaibungen, Tür- und Statuennischen aus italienischem Marmor in sanfter erdiger Farbigkeit. Hohe Fenstertüren an der Südseite des »Salon à l'italienne« lassen gleichmäßig Licht einströmen. Sie geben den Blick auf die oberste Terrasse des königlichen Weinbergs und die Gartenanlagen frei, in denen der König oft philosophierend in Begleitung seiner Hunde spazieren ging. Knobelsdorff entwarf den Raum, dessen Kuppel sich mit einem Lichtfenster zum Himmel öffnet, als »eine freie Nachbildung vom Inneren des Pantheon«, des Tempels aller Götter in Rom, wie Friedrich II.

Wie im römischen Pantheon öffnet sich die Kuppel zum Himmel, wurde hier aber mit einer Glasplatte verschlossen.

Auf dem Gesims der Kuppel versinnbildlicht eine Figurengruppe die Musik.

1754 in der Gedenkrede auf seinen verstorbenen Baumeister betonte. Dem König war es meisterlich gelungen, mit Sanssouci eine Synthese aus französischer und italienischer Kunst zu schaffen. Hier konnte er der Philosophie, Literatur, Schriftstellerei und Musik frei von Sorgen und Repräsentationszwängen im Einklang mit der Natur nachgehen. Über dem Festsaal wölbt sich die vergoldete, stuckierte Kuppel, auf deren Gesims weibliche Gestalten die Architektur, die Musik, die Malerei und Bildhauerei sowie die Astronomie versinnbildlichen. Daneben treiben Amoretten und Putten ihr übermütiges Spiel. Der ovalen Kuppelform entspricht der mit farbigen Einlegearbeiten versehene weiße Marmorfußboden.

Motive aus der Pflanzenwelt gestalten den Marmorfußboden und weisen auf den Anbau von Obst im Park Sanssouci hin.

Neben der Tür zum Vestibül stehen die Statuen der Venus Urania und des Apoll von François Gaspard Adam (1710–1761). Apoll wendet sich mit einem aufgeschlagenen Buch an Venus Urania, die geistige Venus, der die Verse des römischen Dichters Lukrez gelten.

Die Tafelrunde

Gast bei den Tafelrunden des Königs zu sein, war für jeden eine besondere Ehre. Sie waren geprägt von Freimütigkeit und Weltoffenheit. Freiherr Jakob Friedrich von Bielfeld, Vorleser und ständiger Reisebegleiter Friedrichs II., schrieb: »Ich glaube nicht, dass in ganz Europa ein gediegener Kreis, als an dieser Tafel, zu finden sei. Hier setzt Friedrich den Monarchen ganz beiseite, er ist froh und liebenswürdig mit den Fröhlichen und Witzigen ... die Herzen öffnen sich wechselweis, und der Geist wird durch keine Fessel gelähmt ...«. Viele Stunden wurde über Kunst, Literatur, Philosophie, Religion, Geschichte und Krieg, Medizin und die Wissenschaften gesprochen.

Die bekanntesten Vertreter der europäischen Aufklärung trafen sich zur geladenen »Tafelrunde« des Königs. Das waren Wissenschaftler und Schriftsteller von hohem Rang, wie der italienische Philosoph und Schriftsteller Graf Francesco Algarotti, der wegen seines Temperaments und sprühenden Geistes besonders gern gesehen war und schon am Einzugstag in Sanssouci den Orden Pour le mérite vom König erhielt; der geistvolle Arzt und Philosoph Julien Offray de la Mettrie; der Schriftsteller, Freund und Gesellschafter des Königs Marquis Jean-Baptiste d'Argens; der Mathematiker und Forschungsreisende Pierre Louis Moreau de Maupertuis und der Berühmteste der Tafelrunde, der Schriftsteller und Philosoph Francois-Marie Arouet, der sich Voltaire nannte. Er gehörte zu den größten geistigen Autoritäten Europas. Schon mit 24 Jahren trug Friedrich dem 18 Jahre Älteren seine Freundschaft an, die trotz mancher Zerwürfnisse bis zum Tode Voltaires 1778 andauerte. Auf Einladung des Königs traf Voltaire im Juli 1750 in Potsdam ein und war schon bald nach seiner Ankunft Mittelpunkt der Tafelrunde. Er erinnert sich: »Nirgends auf der Welt wurde je mit so viel Freiheit über den Aberglauben der Menschen gesprochen, und nie mit so viel Spott und Verachtung. Gott war ausgenommen; aber von denen, die in seinem Namen die Menschen getäuscht hatten, blieb keiner verschont.« Nach seiner dramatischen Abreise 1753 löste sich die Runde allmählich auf.

Die Atmosphäre des Beisammenseins hielt der Maler Adolph Menzel in seinem berühmten Gemälde *Die Tafelrunde Friedrichs II. in Sanssouci* (1849–50) als Huldigung an den »Philosophen von Sanssouci« fest.

1849–50 hielt Adolph Menzel (1815–1905) *Die Tafelrunde Friedrichs II. in Sanssouci* in einem Gemälde fest. Im angeregten Gespräch sind von links nach rechts Mylord Marischal (George Keith), Voltaire, General von Stille, Friedrich der Große, Marquis d'Argens, Feldmarschall Jakob Keith, Graf Algarotti, Graf Rothenburg und Julien Offray de la Mettrie dargestellt.

Die Königswohnung

Das Audienzzimmer

Das Audienzzimmer diente auch als Speisezimmer. Seine zurückhaltende Wanddekoration bildet den Hintergrund für die Gemäldesammlung.

Von der östlichen Seite des Marmorsaals führt eine Tür in die Königswohnung, zunächst in den kleinen Empfangsraum. An kühlen und feuchten Tagen wurde er von dem gichtkranken König als Speisezimmer oder für die Tafelrunde genutzt. Ein Kamin aus Carraramarmor konnte den Raum beheizen. Neben ihm befindet sich eine kleine Kommode aus Zedernholz mit einer Marmorplatte und seitlichen Türen, um den Holzvorrat für den Kamin aufzunehmen. Der Raum war sparsam dekoriert, damit die gesammelten Gemälde von französischen Meistern des 18. Jahrhunderts in ihren barocken Goldrahmen zur Geltung gelangten. Sie waren auf leinengrau-lila schimmerndem Damast, dem »Gris des lin«, mit »Genueser« (floralem) Muster gehängt. Die heutige Seidenbespannung ist nach einem Berliner Damast aus der Zeit um 1765 originalgetreu rekonstruiert worden. Das Deckengemälde ist von Antoine Pesne (1747): Der Windgott Zephir bekränzt die auf Wolken lagernde Blumengöttin Flora, beide sind sich innig zugetan, zwei kleine Putten streuen Blumen aus einem Korb während ein Genius Tau aus den Wolken gießt. Pastellige, weiche Farbtöne vermitteln die Stimmung des frühen Morgens und der Liebe, die auch das Supraportenrelief über der Tür zum Marmorsaal aufnimmt. Putten halten ein Buch mit Versen in französischer Sprache: »Möge uns die Sonne bei ihrer strahlenden Wiederkehr noch hier im Gespräch über Verse und Liebe finden, als Vorzeichen eines noch schöneren Tages voller Freuden, lässt uns dann die Blumen und die Morgenröte schauen.« Die Verse über der Tür zum Konzertzimmer fordern auf, im Angesicht der Vergänglichkeit des menschlichen Daseins den Augenblick zu genießen.

Die Supraporte über der Tür zum Marmorsaal fordert zu geistvoller Unterhaltung im Freundeskreis auf.

Das Konzertzimmer – Ein Fest der Sinne

Das Konzertzimmer ist eine der schönsten Raumschöpfungen des friderizianischen Rokoko. In strahlendem Gold und Weiß versetzt es den Besucher in eine festlich heitere Stimmung. Große Spiegel geben das hereinströmende Licht der gegenüberliegenden Fenster um ein Vielfaches wieder und reflektieren die reiche Dekoration. Durch diese optische Täuschung scheint alles heller, größer und prächtiger. Fast glaubt man die Flötenmusik Friedrichs des Großen zu hören, betrachtet man die feinen Schwünge und zierlichen Drehungen der vergoldeten Ornamente.

Auch bei der Innenausstattung überließ der König nichts dem Selbstlauf. Unter seinem Einfluss entwickelte sich ein ganz eigener Stil, so dass man vom »friderizianischen Rokoko« spricht. Der Name Rokoko ist vom französischen Wort »rocaille« abgeleitet und bedeutet soviel wie »Muschelwerk«. Die Rocaille verbindet mit spielerischer Eleganz und unglaublicher Formenvielfalt das gesamte Interieur des Raumes zu einem Ganzen. Blumen und Früchte ranken sich an dem nachempfundenen Laubengitter empor und vermitteln das Gefühl, in einer vergoldeten Gartenlaube zu stehen. Die in Nischen versetzten

Das Konzertzimmer im Schloss Sanssouci zählt zu den schönsten Raumschöpfungen des friderizianischen Rokoko. Neben seiner Funktion als Konzertzimmer wurde der Raum als Salon genutzt, in dem man nach dem Essen Kaffee reichte.

In der Mitte des 18. Jahrhunderts war die verspielte Muschelform (frz. rocaille) in ganz Europa verbindliches Stilelement. Sie schmückte zierliche Möbel, überzog Wände und Türen, dekorierte Gebäudefassaden und formte geschnittene Beeteinfassungen.

Spiegel sind aus den Schlössern des 18. Jahrhunderts nicht wegzudenken, scheinen sie doch die Pracht der Räume um ein Vielfaches zu mehren und damit auch dem Bewohner Glanz zu verleihen.

Folgende Doppelseite:
Mit spielerischer Leichtigkeit wird die Idee, das Konzertzimmer als Gartenraum zu gestalten, an der Decke wieder aufgenommen. Die einheitliche Raumwirkung lässt kaum erahnen, dass hier mehrere Künstler am Werk waren. Für den phantasievollen Deckenstuck war Johann Michael Merck (1714–1784) verantwortlich; vergoldet wurde er von Adam Carlony.

Spiegel sind laubenartig eingefasst und erwecken die Illusion eines weiterführenden Gartenraumes. Phantasievoll setzt sich zierliches Gitterwerk an der Decke fort, um groteskerweise von einem Spinnennetz zusammengehalten zu werden. In den Übergängen zwischen Wänden und Decke tummeln sich Putten, Hasen und allerlei anderes Getier. Man fängt einander mit Netzen, rennt und flieht, doch alles nur zum Spiel – ganz im Sinne des Rokoko.

Ebenso spielerisch fügen sich die Wandgemälde von Antoine Pesne in die Wanddekoration ein. Dieser wurde schon unter Friedrich I. als Hofmaler an den preußischen Hof berufen, gehörte dann später zum Rheinsberger Kreis des Kronprinzen Friedrich und entwickelte dort seinen leichten, duftigen Malstil. Die Themen sind – wie schon im Rheinsberger Konzertzimmer – aus den Metamorphosen des römischen Dichters Ovid entnommen. Ovid erfreute sich besonders im 18. Jahrhundert großer Beliebtheit, da seine Verwandlungsszenen aus der Welt der Götter unverfängliche Assoziationen zu weltlichen Herrschern erlaubten und seine detaillierten Beschreibungen sich bildkünstlerisch gut umsetzen ließen. Alle fünf Gemälde thematisieren die Liebeslust der Götter im natürlichen Lebensraum. Venus gibt den Ton an und bestimmt über das Schicksal der Liebenden.

Auf dem Gemälde *Pygmalion und Galathea* nimmt sie sichtlich daran Anteil, wie ihr kleiner Sohn Amor die schöne Galathea beseelt. Galathea in tänzerischer Pose erinnert an die spektakuläre Tänzerin Barbarina. Tatsächlich trat die Primaballerina 1745 in der Berliner Oper als Galathea auf. Noch im gleichem Jahr malte Antoine Pesne sie für die privaten Gemächer Friedrichs des Großen. Die persönliche Wertschätzung, die der König der Tänzerin entgegenbrachte, äußerte sich auch in der enormen Jahresgage von 12 000 Talern. Im Vergleich dazu war ihm sein Hofcembalist Carl Philipp Emanuel Bach nur 300 Taler wert. Doch auch Barbarina musste spüren, dass bei aller Heiterkeit und Galanterie der König die Regeln bestimmte. Als sie sich selbstbewusst für ihren Liebhaber, den Sohn des Großkanzlers Cocceji, entschied und übergebührliche Geldforderungen stellte, fiel sie 1749 in Ungnade und musste Berlin verlassen.

Detail aus dem unten abgebildeten Wandbild *Pygmalion und Galathea*.

Das Wandbild ist eins von fünf Gemälden von Antoine Pesne (1683–1757) aus dem Konzertzimmer des Schlosses Sanssouci und greift wie diese auf die von Friedrich dem Großen geschätzten Themen aus den *Metamorphosen* Ovids zurück. Dargestellt ist die Geschichte von Pygmalion und Galathea. Der Bildhauer Pygmalion verliebte sich in eine seiner Marmorstatuen so sehr, dass die Liebesgöttin Venus den kalten Marmor in das lebendige Mädchen Galathea verwandelte.

Das Flötenkonzert

Inspiriert von der einmaligen Atmosphäre des Konzertzimmers, malte Adolph Menzel sein berühmtes *Flötenkonzert*. Im Glanz der Kerzen erstrahlt der Raum. Lichtreflexe tanzen auf schimmernden Seidenstoffen und der vergoldeten Wanddekoration. Alles ist in malerisches Licht getaucht und berauscht die Sinne. Menzel soll über sein Bild gesagt haben: »Überhaupt habe ich's bloß gemalt des Kronleuchters wegen. In der Tafelrunde brennt er nicht – hier brennt er.«

Im *Flötenkonzert* bestimmt die Musik das gesellige Beisammensein der im Stand sehr unterschiedlichen Personen. Es ist kein gewöhnliches Konzert, denn ein König gibt mit der Flöte zu Ehren seiner Lieblingsschwester den Ton an. Wilhelmine, Markgräfin von Brandenburg-Bayreuth, besuchte Friedrich den Großen von August bis Dezember 1750. Ihr gebührt der beste Platz auf dem Sofa in der Mitte unter dem großen Spiegel. Wilhelmine wirkt ganz versunken in das Spiel ihres Bruders. Ihre Schwester, Prinzessin Amalie, gefürchtete Musikkritikerin und Kennerin, interessiert sich jedoch mehr für ihre Nachbarin. Besonders intensiv scheint der alte Flötenlehrer Johann Joachim Quantz das Solo seines einstigen Zöglings zu verfolgen. Auf sein Urteil legte der König besonderen Wert. Quantz ist übrigens der einzige, der durch ein dezentes Hüsteln den Vortrag Friedrichs des Großen kritisieren durfte. Man sagt, der König habe besonders das Adagio vortrefflich zu spielen gewusst. So ist es auch zu erklären, dass alle 120 Sonaten aus der Feder Friedrichs II. und die 200 Flötensonaten von Quantz mit einem Adagio beginnen. Der König bestimmte, was in den Schlössern und in der Oper gespielt wurde. Daher war es einem eigenständigen Komponisten wie Carl Philipp Emanuel Bach nicht zu verdenken, dass er den Dienst bei Hofe quittierte. Doch hier auf dem Gemälde sitzt er noch brav am Cembalo und wartet auf seinen Einsatz.

Kristalllüster waren nur den Gemächern des Königs und den Festsälen vorbehalten, kostete doch ein solches wertvolles Stück mit Bronzegestell und Behang von Bergkristall 3 000 Taler. Zum Vergleich: Zwölf Gemälde seiner bevorzugten französischen Maler für die Kleine Galerie im Schloss Sanssouci kosteten Friedrich den Großen 3 500 Taler.

Auf diesem Ausschnitt aus dem *Flötenkonzert Friedrichs II. in Sanssouci* sind die Schwestern des Königs, Prinzessin Amalie und auf dem Sofa seine Lieblingsschwester Wilhelmine zu sehen, zu deren Ehren das Konzert 1750 in Sanssouci stattfand.

Adolph Menzel (1815–1905) begann 1850 an dem *Flötenkonzert Friedrichs II. in Sanssouci* zu arbeiten. Fasziniert von der Person Friedrichs des Großen und ebenso gründlich und pflichtbesessen, befasste sich Menzel sehr genau mit dem Stoff. Zahlreiche Studien und Skizzen gingen dem eigentlichen Gemälde voraus, ehe es 1852 vollendet wurde.

Das Arbeits- und Schlafzimmer

Außer der Bibliothek ist kein anderer Ort so mit der Persönlichkeit Friedrichs des Großen verknüpft wie das Arbeits- und Schlafzimmer im Schloss Sanssouci. Hier hat Friedrich der Große Briefe und Rechnungen mit seinen gefürchteten Randbemerkungen versehen, sich mit Wirtschaft, Politik und Philosophie befasst, wichtige Ordres ausgegeben, Lakaien und Offiziere gemaßregelt. Hier hat er Schriften und Bücher durchgearbeitet, seine geliebten Hunde mit kleinen Leckerbissen verwöhnt, hier hat er geschlafen, und hier ist er am 17. August 1786 schließlich verstorben. Dem Besucher von heute präsentiert sich das Arbeits- und Schlafzimmer in einer frühklassizistischen Gestaltung. Zu Friedrichs Zeiten stellte der Raum einen Höhepunkt in der Abfolge der persönlichen Räume des Königs dar und war mit aufwendiger Rokokodekoration versehen. Leider gibt es keine bildliche historische Überlieferung davon. Da aber zu Lebzeiten des Königs die privaten Räume bei seiner Abwesenheit betreten werden durften, geben die Beschreibungen von Zeitgenossen Friedrichs ein lebendiges Bild von Schloss und Bewohner.

So beschrieb der Marquis de Boullè das Arbeits- und Schlafzimmer als: »mit zahlreichen Spiegeln versehen und durch die große Balustrade geteilt, welche die Stelle für das Bett bezeichnet. Aber dieses war bei dem Kamin hinter dem Bettschirm aufgeschlagen, ein einfaches Feldbett bedeckt mit einer dunkelroten Taftdecke und ebenso unsauber wie die übrigen Möbel; das rührte von den zahlreichen Hunden her, die der König liebte und die in den königlichen Zimmern hausten. Ebenso waren mehrere Tische mit unordentlich herumliegenden Büchern bedeckt.« Für seinen Nachfolger Friedrich Wilhelm II. war es wohl zu viel der Aura des Ortes. Er ließ das Arbeits- und Schlafzimmer als einzigen Raum des Schlosses von Erdmannsdorff im neuen klassizistischen Stil umgestalten und alle Möbel entfernen. Nur der Kamin blieb friderizianisch. Anders Friedrich Wilhelm IV. Er zeigte großes Interesse an Friedrich dem Großen und seiner Zeit. Einige der ursprünglichen Ausstattungsgegenstände konnten gefunden werden und kamen an ihren originalen Platz zurück oder wurden durch andere Bestände aus dem Besitz Friedrichs ersetzt. Die Rokokomöbel mit ihren geschwungenen Formen kontrastieren zu der klaren Innenarchitektur des Raumes und vermitteln dem Besucher die unterschiedlichen Auffassungen der Schlossbewohner.

Das Arbeits- und Schlafzimmer Friedrichs des Großen wurde als einziger Raum nach seinem Tode im Sinne des Klassizismus umgestaltet.

Seit der Mitte des 19. Jahrhunderts bemühte man sich wieder um eine authentische Ausstattung des Raumes. Möbel aus der Zeit Friedrichs des Großen, wie der Schreibtisch mit Dokumentenschrank, erinnern an seinen berühmtesten Bewohner.

Das Möbelteil mit seinem muschelförmigen und figürlichen Bronzedekor gehört zum Schreibtisch Friedrichs des Großen. Im Gegensatz zu dem etwas schwerfällig wirkenden Konsoltisch, scheint dieses Möbel seinen wirklichen Aufbau zu verbergen. Scheinbar schwerelos berühren die Tischbeine in grazilem Schwung den Boden und sind damit ganz dem Rokoko verpflichtet.

Links: Schon an diesem Detail lässt sich der klare Aufbau des Konsoltisches aus dem Arbeits- und Schlafzimmer erkennen. Einfache geometrische Formen zeichnen dieses Möbel aus. Das Palisanderholz schmücken Bronzebeschläge in Form von Palmetten und Girlanden, die preußisch zopfig an der geraden Linie der Tischbeine auslaufen. Dieser klassizistische Zopf-Stil ist auch vielen Potsdamer Bürgerhäusern am Ende des 18. Jahrhunderts eigen.

Die Wände des Arbeits- und Schlafzimmers waren einstmals mit grünem Atlas bespannt. Vergoldetes Gitterwerk mit Blumen und Vögeln darauf ließ keinen weiteren Schmuck, auch keine Gemälde, zu. Unvorstellbar für Friedrich, Darstellungen von sich selbst in seinen Räumen zu besitzen. Kult um seine Person und Modellsitzen waren ihm zuwider.

Heute befinden sich gleich mehrere Bildnisse Friedrichs des Großen hier. Im Alkoven zeigt ihn der Hofmaler Antoine Pesne selbstbewusst in Feldherrenpose. Das repräsentative Gemälde wurde 1745 gemalt. In diesem Jahr gewann der König den Zweiten Schlesischen Krieg und wurde erstmals öffentlich Friedrich der Große genannt. Nach dem für den König ebenfalls erfolgreichen Siebenjährigen Krieg entstand wiederum ein Gemälde. Der Maler Johann Georg Ziesenis verzichtete jedoch auf jegliche repräsentative barocke Elemente. Kein Hermelinmantel weist auf die herausgehobene Stellung hin, der Soldatenrock ist einfach und der Schwarze-Adler-Orden hebt sich nur wenig ab. Immer weniger Wert legte der König auf seine äußere Erscheinung. Viele seiner engsten Vertrauten waren inzwischen verstorben. Es wurden weniger Feste gefeiert. Von Gicht geplagt, wurde der König immer übellauniger und einsamer. Friedrichs Arbeitstag begann zwischen vier und fünf Uhr morgens. Fünf Stunden Schlaf mussten genügen. Ein durch den Krieg zerrüttetes Land musste wieder aufgebaut werden. Misstrauisch, ob seine Anweisungen auch durchgesetzt wurden, begab er sich auf Inspektionsreisen. Schon von weitem erkannten ihn die Leute – ein durch Krankheit gebeugter alter Mann, auf seinen Krückstock gestützt, oft in Begleitung seiner Lieblingshunde.

Dieses Gemälde von Antoine Pesne (1683–1757) stellt Friedrich den Großen 1745 in imposanter Feldherrenpose dar.

Ganz links: Johann Georg Ziesenis (1716–1776) malte Friedrich den Großen nach dem Siebenjährigen Krieg in einem schlichten blauen Soldatenrock ohne jegliche repräsentative Attribute.

Johann Gottfried Schadow (1764–1850), der Teile der originalen Uniform Friedrichs besaß, schrieb 1821 über seine Arbeit an der Figur des Königs: » Zu meinem Zeitvertreib modellire ich itzt eine Figur in halber Größe von König Fridrich mit der Krücke, den linken Arm in die Seite gesetzt und ganz prosaisch; wollen doch mal sehen, was so eine Puppe für Wirkung macht. Als Beiwerk werde ich ein paar von den kleinen Windhunden anbringen, qui faisant la distraction du grand Monarque.« Auf den Halsbändern sind die Namen »Alkmene« und »Hasenfuß« zu lesen. Diese Figur steht heute auf dem Konsoltisch im Arbeits- und Schlafzimmer Friedrichs des Großen.

Wertvolle Möbel vervollkommnen den Arbeits- und Schlafraum. Den wundervollen Mahagoni-Schreibtisch mit passendem Dokumentenschrank und Uhrenaufsatz erwarb der mit Friedrich befreundete Graf Rothenburg 1746 für den König in Paris. Die geschwungenen Formen der Möbel fügen sich nahtlos ineinander und sind kunstvoll mit vergoldeten Bronzebeschlägen verziert.

Dennoch waren die Schlösser Friedrichs zum größten Teil mit Prunkmöbeln aus einheimischer Produktion ausgestattet. Friedrich der Große war seit seinem Regierungsantritt der größte Förderer und Auftraggeber des Kunsthandwerks in Preußen. Nachdem Johann Melchior Kambly mit der Nacharbeit des Dokumentenschrankes (zu sehen im Dritten Gästezimmer) sein Können als Kunsttischler unter Beweis gestellt hatte, bekam er weitere anspruchsvolle Aufträge wie das Notenpult im Konzertzimmer.

Der Notenständer aus dem Konzertzimmer des Schlosses Sanssouci zeugt von der hohen Meisterschaft des Kunsttischlers Johann Melchior Kambly (1718–1783). Besonders beliebt waren im Zeitalter des Rokoko Einlegearbeiten in Holz, Elfenbein oder Perlmutt sowie die Verwendung von Horn- und Schildpattfurnieren.

Der Schreibtisch und der Dokumentenschrank aus dem Arbeits- und Schlafzimmer gehören zu den wenigen Möbeln, die der König in Frankreich erwerben ließ. Sie wirkten vorbildhaft für die Entwicklung einer einheimischen Möbelkunst unter Friedrich dem Großen.

Im Nachleben wurde die Person Friedrichs des Großen oft anekdotisch verklärt wiedergegeben. Das kleine Gemälde von Johann Christoph Frisch (1738–1815) zeigt den König mit Marquis d'Argens beim Besichtigen des Gruftbaus auf der oberen Schlossterrasse. D'Argens äußerte dabei die Idee, dem Schloss den Namen »Sans Souci« zu geben. Daraufhin soll Friedrich der Große mit dem Fingerzeig auf seine zukünftige Begräbnisstätte gesagt haben: »Mein lieber Marquis, erst hier werde ich ohne Sorgen seyn.«.

Wenn Könige sterben ist das weniger eine private Angelegenheit als vielmehr ein öffentliches Ereignis. Auch Friedrich der Große ließ seinen Vater dem alten Ritual gemäß nach dem Tod zur Schau stellen. Danach wurde der Soldatenkönig im Rahmen einer königlichen Trauerzeremonie beigesetzt.

Friedrich der Große wünschte es anders. Seit den Schlesischen Kriegen beschäftigte er sich des Öfteren mit dem Tod und verfügte 1752 in seinem Großen Politischen Testament: »Ich habe als Philosoph gelebt und will als solcher begraben werden, ohne Pomp, ohne Prunk und ohne die geringsten Zeremonien …«.

Friedrich der Große verstarb am 17. August 1786 kurz nach zwei Uhr nachts im Arbeitszimmer. Sein Nachfolger Friedrich Wilhelm II. fand die einfache Gruft eines Königs unwürdig. Er ließ den Leichnam nach einer öffentlichen Aufbahrung im Stadtschloss unter großer Feierlichkeit in die Garnisonkirche überführen. Dort wurde er in der Gruft seines Vaters, des Soldatenkönigs, an dessen Seite beigesetzt.

Doch Friedrich der Große sollte keine Ruhe finden. Im Zweiten Weltkrieg kamen beide Särge nach Berntgerode im Harz in ein Kalibergwerk, von wo aus sie nach Umwegen 1952 in die Schlosskapelle der Burg Hechingen, dem Stammsitz der Hohenzollern, gelangten. Nach der Wiedervereinigung Deutschlands ließ Prinz Louis Ferdinand, der damalige Chef des Hauses Hohenzollern, am 17. August 1991, dem 205. Todestag seines berühmten Ahnen, Friedrich den Großen in der Gruft der Schlossterrasse von Sanssouci beisetzen.

So ganz auf Pomp und Zeremonien wurde dabei jedoch nicht verzichtet. Es ist eben etwas anderes, wenn Könige begraben werden.

Links: In diesem Sessel verstarb am 17. August 1786 um 2 Uhr und 20 Minuten Friedrich der Große.

Rechts: Katafalk mit dem Sarg Friedrichs des Großen im Ehrenhof von Schloss Sanssouci, Ehrenwache der Bundeswehr am 17. August 1991.

Die Bibliothek des Schlosses ist eine der gelungensten Raumgestaltungen des friderizianischen Rokoko.

Mit ihrem runden Grundriss und den warmen Holztönen entspricht sie der geistigen Bestimmung des Raumes und war für Friedrich den Großen Ort höchster Konzentration und geistiger Anregung. Die Tür ist in der Bücherwand verborgen, was den intimen Charakter des Raumes noch verstärkt. Besucher hatten keinen Zutritt.

Ganz rechts: Der Schreibtisch Friedrichs des Großen zeigt neben einem aufgeschlagenen Buch ein Miniaturbild des Königs in seiner Bibliothek.

Um die griechische Bronzeskulptur des *Betenden Knaben* hatte sich Friedrich II. sehr bemüht. Seitdem man die Figur in Rhodos gefunden hatte, wechselte sie häufig ihre Besitzer, bis sie 1747 für 5 000 Taler vom Fürsten Wenzel von Liechtenstein erworben wurde. Heute steht das Original in den Staatlichen Museen zu Berlin.

Die Bibliothek

Die Bibliothek von Sanssouci stellt ein besonderes Kleinod dar. Nur durch einen schmalen Gang mit dem Arbeits- und Schlafzimmer verbunden, durfte sie allein vom König betreten werden. Auch hier nimmt Friedrich der Große liebgewonnene Gewohnheiten wieder auf. Wie schon in Rheinsberg, lässt er sich die Bibliothek etwas abgeschieden von den übrigen Räumlichkeiten mit einem runden Grundriss errichten. Es ist der intimste Raum des Schlosses und einer der schönsten des friderizianischen Rokoko. Im Gegensatz zum festlichen Weiß und Gold des Konzertzimmers vermitteln hier warme Töne eine Atmosphäre der Harmonie und Ruhe. Außerdem unterstreicht die ungewöhnliche Form des Raumes seine geistige Bestimmung. Die umlaufende Bücherwand wurde mit kostbarem Zedernholz vertäfelt und mit vergoldeten Bronzeornamenten verziert. Zedernholz wurde schon seit dem Altertum hoch geschätzt und fand beim Tempelbau Salomons des Weisen wie auch in den Wohnräumen der Pharaonen Verwendung.

Wie im Konzertzimmer reflektieren eingearbeitete Spiegel das Tageslicht der großen Fenstertüren, aber weitaus gedämpfter als im Konzertzimmer. An der kreisrunden Decke erstrahlt eine vergoldete Sonne, nicht nur als barockes Zeichen der absoluten Macht, sondern vielmehr als Symbol der Aufklärung und der Freimaurer. Ansprüche, die Friedrich der Große als aufgeklärter Absolutist und Freigeist in sich vereinigte.

Die Bücherschränke haben nur eine geringe Höhe, damit die Bücher für den nur etwa 1,62 Meter großen Friedrich bequem zu erreichen waren. Außerdem boten die freien Wandfelder genügend Platz für plastischen Schmuck.

Saß der König frühmorgens an seinem Schreibtisch, blickte er Richtung Osten in das Morgenlicht auf die berühmte Figur des *Betenden Knaben.*

Diesem Arrangement liegt der ausdrückliche Wunsch Friedrichs des Großen zugrunde. So nehmen die vergoldeten Reliefs, ebenso wie die antiken Büsten auf den Konsolen, den direkten inhaltlichen Bezug zur Bibliothek auf.

Die Büchersammlung Friedrichs des Großen

Friedrichs Sammelleidenschaft für Bücher erstreckte sich von der gesamten Ausgabe Voltaires und anderer französischer Autoren, naturwissenschaftlichen Schriften, Architekturwerken bis zu den griechischen und römischen Dichtern, Philosophen und Geschichtsschreibern. Zu seinen Lieblingsautoren gehörten Seneca, Mark Aurel und Homer. Verständlich, dass die berühmteste römische Kopie Homers neben der Büste des Seneca in der Bibliothek Friedrichs des Großen ihren Platz fand.

Die Deckengestaltung der Bibliothek wird von einer vergoldeten Sonne beherrscht. Das Freimaurersymbol wiederholt sich an den Gitterpavillons auf der Schlossterrasse.

Nicht zufällig stehen die Büsten Homers und anderer Persönlichkeiten des Altertums in der Bibliothek Friedrichs des Großen, zeigen sie doch die geistige Verbundenheit des Königs mit ihnen.

Schon seit frühester Kindheit sammelte Friedrich Bücher. Angeregt durch seine französische Kinderfrau und seinen Lehrer, beide Hugenotten, wurde er ein begeisterter Leser. Selbst die rabiaten Erziehungsmaßnahmen seines Vaters, Friedrich Wilhelm I., konnten diese Leidenschaft nicht unterdrücken. Allein im Schloss Sanssouci befinden sich 2 288 Bände, alle in französischer Sprache verfasst. Die besondere Wertschätzung, die Friedrich der Große seinen Büchern entgegenbrachte, ist ihnen anzusehen. Sämtliche Bücher sind in Leder gebunden, die aus Rheinsberg stammenden tragen die eleganten »Pariser Einbände« aus Ziegen- und Kalbsleder. Um vieles sparsamer, weil aus einheimischer Produktion, aber nicht weniger kunstvoll mit vergoldetem Zierrat versehen, sind die »Berliner Einbände«.

Alle Bände aus dem Schloss Sanssouci tragen auf dem Buchdeckel den Buchstaben »V« für vigne – Weinberg. Friedrichs Umgang mit Büchern soll nach Angabe seines Vorlesers immer sehr sorgsam gewesen sein. So hatte er die Eigenart, alle ungelesenen Bücher auf den Tisch zu stellen und die, welche er schon durchgearbeitet hatte, flach darauf zu legen. Je älter Friedrich wurde um so mehr wurden Bücher »zur Hauptquelle der inneren, höheren Freude und Ermunterung«. 1754 schrieb der König an d'Argens: »Ich lebe mit meinen Büchern und verkehre mit den Menschen aus dem Zeitalter des Augustus und werde bald die Menschen unseres Jahrhunderts ebenso schlecht kennen, als weiland Jordan die Straßen von Berlin«. Am Ende seines Lebens wurde die Gesamtzahl der Bände in seinen sechs Schlossbibliotheken auf 7 000 geschätzt.

Über 2 000 Bände befinden sich in verglasten Zedernholzschränken. Zierlich eingefasste Spiegel vergrößern auch hier den Raum und geben das warme Licht zurück.

Die Kleine Galerie – Fêtes galantes

Friedrich der Große bevorzugte als junger König neben antiken Skulpturen besonders Gemälde des französischen Malers Antoine Watteau (1684–1721) und seiner Schüler, die unter anderem in der Kleinen Galerie des Schlosses zu sehen sind.

Die Kleine Galerie ist in ihrem Grundriss als Galerieraum recht ungewöhnlich. Sie verbindet das Vestibül mit den Wohngemächern Friedrichs des Großen und diente als Kunstkabinett für einen Teil der Gemälde- und Skulpturensammlung des Königs.

Der lang gestreckte Raum wird durch Nischen auf der Wandseite und Spiegel auf der Fensterseite gegliedert. Während sich die Plastiken in den Nischen kaum von dem leicht getönten Stuckmarmor im Hintergrund abheben, erstrahlen die Gemälde in ihren prächtig vergoldeten Holzrahmen. Phantasievolle Stuckaturen beleben auch hier Wände und Spiegel. In den Deckengemälden streuen verspielte Putten vom Himmel Blumen herab. Gold, verhaltene Grautöne und schimmerndes Violettrosa geben dem Raum einen vornehmen Charakter. Als Gegensatz dazu tummeln sich kleine, weintrunkene Bacchanten unter den Konsoltischen. Leben und leben lassen ist hier die Devise. Zu den sehr schmalen Rokoko-Sofas an den Wänden bemerkte die Landgräfin von Hessen nach einem Besuch bei Friedrich dem Großen spitz, dass wohl hier Reifröcke nicht erwünscht seien. »Sans souci« bedeutete für den König auch »sans femme«, ohne Frauen.

Wie in vielen anderen Dingen bewies Friedrich der Große auch beim Sammeln von Gemälden einen eigenwilligen Geschmack. Antoine Watteau

Die Büste des Neptun des französischen Bildhauers Lambert Sigisbert Adam (1700–1759) kam mit der Sammlung des Kardinals Polignac in die Kleine Galerie und steht wie ihr Gegenstück, die Amphitrite, auf dem Kamingesims.

Weinseelig nimmt der kleine vergoldete Bacchus unter dem Konsoltisch das heitere Motiv des Weinbergschlosses wieder auf.

Mit dem Gemälde *Belustigung im Freien* entführt der Maler Antoine Watteau (1684–1721) den Betrachter in die Welt des Rokoko. In der freien Natur entfaltet sich ein heiteres Spiel der Geschlechter und die Musik ist willkommene Begleitung dazu.

Links: Detail aus dem Gemälde *Belustigung im Freien*.

gehörte im 18. Jahrhundert durchaus nicht zu den hoch geschätzten Malern. Dennoch war er es, der mit seiner Kunst das gesamte friderizianische Rokoko beeinflusste. Seine Werke vermitteln das Bild des sorglosen Lebens einer auserwählten Gesellschaft. In der freien Natur wird musiziert und getanzt. Beim Spiel scheinen die Standesunterschiede aufgehoben, und Amor tut was er will. Wer um die autoritäre Erziehung Friedrichs des Großen weiß, kann sich vorstellen, weshalb er sich nach so einem Leben sehnte. Auch in der leichten Melancholie, die allen Watteau-Bildern zu Eigen ist, fand der König seine Gefühlswelt wieder.

Friedrich, der sich seine Freiheit durch die Heirat mit einer ungeliebten Frau erkaufen musste, feierte in seinem Kronprinzenschloss Rheinsberg »fêtes galantes« nach gemalten Vorbildern. Als König in Sanssouci blieb ihm nur eine wehmütige Erinnerung daran.

Kenner der Kunstszene wie Graf Rothenburg oder Marquis d'Argens vermittelten die Gemäldeankäufe. Neben Watteaus Bildern kamen auf diesem Wege auch Gemälde seiner Schüler Nicolas Lancret und Jean-Baptiste Joseph Pater hinzu und komplettierten die Sammlung. Heute ist dieser Gemäldebestand französischer Künstler des 18. Jahrhunderts einmalig in Deutschland.

Der Jahrmarkt der Komödianten, zählt zu den frühen Werken Watteaus, als sich der junge Maler noch um Käufer bemühte. Das Gemälde besteht aus einem ganzen Repertoire von Motiven. Sie zeigen sich in geschlossenen Gruppierungen von Menschen in einer nächtlichen Landschaft. Mit großer künstlerischer Sorgfalt widmet sich der Maler jedem einzelnen Bildmotiv und fügt sie in einer großartigen Bildkomposition zusammen. Dennoch steht jede Gruppe für sich. Herausgelöst, könnte jede ohne große Schwierigkeit als eigenständiges Gemälde gemalt und verkauft werden.

Im westlichen Teil des Schlosses wurden fünf Gästezimmer eingerichtet. Alle Gästezimmer liegen in einer Enfilade mit der Ausrichtung nach Süden. Der Gast konnte direkt vom Zimmer auf die Terrasse gelangen.

Die Gästezimmer

Zu Gast beim König von Preußen

Ebenso wie die königlichen Wohnräume öffnen sich die Fenster der Gästezimmer zur Südseite. Durch die Ebenerdigkeit des Schlosses konnte der Gast direkt auf die Terrasse treten. Das war wichtig, denn schließlich wollte man als Bewohner nicht die Räume der Domestiken durchqueren.

Deutlich wahrnehmbar ist der gestalterische Unterschied zwischen der Königswohnung und den Gästezimmern. Die Räume sind sehr zurückhaltend und einfach dekoriert, auf eine Deckengestaltung wurde bis auf die Decke im Voltairezimmer (Blumenkammer) gänzlich verzichtet. Mit ebenso spartanischer Einrichtung hatten sich auch die Bewohner zu begnügen – ein Bett, drei oder vier Stühle, ein Schreibtisch. Ein Bad brauchte man nicht – anstelle von Wasser benutzte man Parfum und Puder. Die Kronleuchter waren aus einfachem Glas, in der Königswohnung dagegen aus bestem französischen Bergkristall.

Statt eines Fürstenquartiers stand dem Gast nur ein Raum zur Verfügung. Die Einrichtung folgte immer dem gleichen Vorbild: den Fenstern gegenüber befindet sich der Alkoven, die Bettnische, rechts neben dem Alkoven konnte die Dienerschaft durch eine Tür den Raum betreten. Die Tür auf der linken Seite verbirgt eine kleine Kammer, die zur Aufbewahrung der Kleidung dienen konnte. Genau hinter den Gästezimmern, auf der Nordseite des Schlosses, war in sehr kleinen Räumen die Dienerschaft untergebracht.

Dem Zeitgeschmack entsprechend, sieht man im ersten Gästezimmer Wandmalereien mit chinoisen Elementen von Friedrich Wilhelm Höder.

Die Darstellung des Chronos ist ein Detail von der Kopie des Dokumentenschrankes mit Uhrenaufsatz nach dem französischen Original aus dem Arbeits- und Schlafzimmer. Die Kopie wurde 1749 im Auftrag des Königs von Johann Melchior Kambly (1718–1783) ausgeführt. Der Schweizer war Zieratenbildhauer, Bronzegießer und Kunsttischler. Zu seinen charakteristischen kunsthandwerklichen Arbeiten zählen feuervergoldete oder feuerversilberte Bronzearbeiten, mit Schildpatt furnierte und bronzeverzierte Möbel sowie Steineinlegearbeiten in der Florentiner Pietra-dura-Technik.

Zu sehen ist unter anderem die Bettnische (Alkoven) mit der Rekonstruktion eines Bettes. Durch die Raumhöhe von ca. 6,50 Meter entsteht der optische Fehleindruck eines zu kleinen Bettes.

Die Diener hatten ihre Schlafkammer direkt hinter den Gästezimmern, um bei Bedarf zur Stelle zu sein.

Vorbilder für die Gestaltung der Stadt Potsdam suchte der König in der italienischen Architektur. Er sammelte Veduten und Landschaftsansichten wie diese Ansicht des Forum Romanum, die Giovanni Paolo Panini (1691 oder 1692–1765) 1749 malte.

Die Mode der Chinoiserie findet sich ebenso im Park am Chinesischen Haus und am Drachenhaus wieder. Allerdings ließ Friedrich II. bereits wenige Jahre nach der Fertigstellung des Zimmers die Wände mit einer textilen Bespannung versehen, um Platz für Gemälde zu schaffen.

Auch das zweite und dritte Gästezimmer sind ganz auf die Aufnahme einer Vielzahl von Gemälden eingerichtet. Im blau-weiß gestreiften Gästezimmer sind Werke französischer Künstler des 18. Jahrhunderts wie Nicolas Lancret und Antoine Pesne sowie zwei Blumenstillleben des Niederländers Jacobus van Huysum aus der Zeit um 1720 zu sehen.

Im folgenden, rot-weiß gestreiften, Gästezimmer hängen ausschließlich Landschaftsansichten und Veduten, die Friedrich dem Großen häufig als Vorbild oder Anregung für die zu gestaltende Stadt Potsdam dienten.

Zu den illustren Gästen am Hofe des Philosophen von Sanssouci gehörte auch Gustav Adolph Graf von Gotter, den man auf einem Gemälde von Antoine Pesne im ersten Gästezimmer sehen kann. Dargestellt ist er gemeinsam mit seiner Nichte Friederike von Wangenheim in der Tracht des 1739 am Sachsen-Gothaer Hof gegründeten »Ordens der gutgelaunten Eremiten«. In diese lebenslustige, unter dem Motto »Vive la joie« (Es lebe die Freude) stehende Vereinigung wurde Graf Gotter 1743 aufgenommen. Der bereits unter Friedrich Wilhelm I. am königlichen Hof beschäftigte Gotter war bei Friedrich dem Großen als amüsanter und närrischer Gesellschafter bekannt. Daneben bekleidete er hohe Ämter wie das eines Generalpostmeisters.

Ein gern gesehener Gast am königlichen Hof: Gustav Adolph Graf von Gotter, hier mit seiner Nichte Friederike von Wangenheim auf einem Gemälde des Hofmalers Antoine Pesne aus der Zeit um 1755.

Trotz aller Sparsamkeit am preußischen Hof wurde neben der täglich stattfindenden Tafelrunde in Sanssouci auch gefeiert. Zum Beispiel findet man in den Aufzeichnungen von Karl Heinrich Rödenbeck folgende Eintragung für August 1749: »In Sanssouci italienisches Intermezzo. Ebendaselbst Ball, welchen der König mit der Prinzessin Amalie eröffnet. Das Schloß Sanssouci war illuminiert. Italienisches Intermezzo. Concert.«

Ein neues Jahrhundert – ein neuer König: Ab 1835 nutzte Kronprinz Friedrich Wilhelm (IV.) gemeinsam mit seiner Gemahlin Elisabeth von Bayern

Kaum wiederzuerkennen: Das blau-weiß gestreifte Gästezimmer als Wohnraum der preußischen Königin Elisabeth im 19. Jahrhundert.

die Gästezimmer des Schlosses Sanssouci wieder als Sommerwohnung. In dieser Zeit reiften Pläne zu einzelnen Um- und Ausbauten am Schloss. Durch den Architekten Ludwig Persius und den ausführenden Baumeister Ferdinand von Arnim entstanden ab 1840 der Hofdamenflügel und die Schlossküche.

Die Gästezimmer erhielten eine neue Funktion: Aus dem ersten Gästezimmer wurde das Wohnzimmer des Königs, das zweite Gästezimmer stand der Königin als Wohnraum zur Verfügung. Als gemeinsames Schlafzimmer richtete man das dritte Gästezimmer ein und das Voltairezimmer verwandelte sich in das Toilettenzimmer Elisabeths. Modernes Mobiliar aus der Mitte des 19. Jahrhunderts ergänzte das noch vorhandene Interieur aus der Zeit des Rokoko. Sanitäre Einrichtungen wie eine Dusche in einem der ehemaligen Garderobenräume oder auch Wasserklosetts wurden nachträglich installiert. Am 2. Januar 1861 verstarb Friedrich Wilhelm IV. wie sein von ihm sehr verehrter Vorfahre Friedrich II. im Schloss Sanssouci. Die Königinwitwe nutzte bis zu ihrem eigenen Tod 1873 das Schloss gern als Sommerresidenz.

Das 18. Jahrhundert ist durch das Bemühen der Architekten geprägt, ein Gesamtkunstwerk zu schaffen, in dem sich das Bauwerk ebenso wie seine Innenausstattung und alle Einzelelemente harmonisch vereinen. Das trifft in besonderem Maße auch für die textile Ausstattung der Schlossräume zu. Neben den Wandbespannungen wurden so auch die Bettdekorationen, die Vorhänge vor Fenstern und Alkoven und auch die Bezüge der Sitzmöbel aus dem gleichen Stoff hergestellt.

Im 17. Jahrhundert war Italien das führende Land der Seidenweberei, im 18. Jahrhundert übernahm Frankreich diese Rolle. Durch den Zuzug von Hugenotten nach 1685 (Edikt von Potsdam) kam die Kunst der Seidenweberei auch nach Brandenburg-Preußen. Bereits unter Friedrich Wilhelm I., dem Soldatenkönig, begann man in Preußen mit dem Anbau von Maulbeerbäumen. Diesen aus wärmeren Regionen stammenden Baum benötigt der Seidenspinner, ein Falter, der seine Eier in das Laub der Maulbeerbäume legt und dessen Larven sich in einem aus Seidenfäden gesponnenen Kokon verpuppen. Die Wälle in Berlin und Spandau und auch die Kirchhöfe wurden damals mit Maulbeerbäumen bepflanzt.

Friedrich der Große begann nach seiner Regierungsübernahme 1740, die Seidenproduktion und das Seidenweberhandwerk in Preußen zu fördern. Er versprach sich durch diese hochwertigen Güter eine positive Entwicklung des Handels und damit eine bessere finanzielle Ausstattung des Staates. Der König ließ die stark dezimierten bisherigen Maulbeerbaumanlagen aufforsten und gleichzeitig Plantagen anlegen. Geplant war z.B. eine Plantage nahe Oranienburg mit 6 000 Bäumen. In Potsdam zählte man in der Anlage des Großen Waisenhauses im Jahre 1785 immerhin 1003 Maulbeerbäume. Mit der Zucht beauftragt wurden vor allem Superintendenten, Prediger, Schulmeister und Küster, die von der Kriegs- und Domänenkammer beaufsichtigt wurden. Nach französischem Vorbild wurden als Anreize für besonders gute Ergebnisse Medaillen und Gedenkmünzen verliehen. Um dem eigenen Land zu wirtschaftlichem Aufschwung zu verhelfen, wurden bestimmte Auflagen für ausländische Waren erteilt. Konnte eine Manufaktur einen Artikel in eigener Produktion herstellen, wurde dem gleichwertigen ausländischen Produkt ein hoher »Impost« (Einfuhrzoll) auferlegt. Lief die Produktion der Manufaktur mit gutem Erfolg, wurde die Einfuhr der ausländischen Waren gänzlich verboten. Um die Qualität und Effektivität der preußischen Manufakturen verbessern zu können, wurden ständig ausländische, vor allem französische Spezialisten angeworben.

Besonders facettenreiche Wandbespannung aus dem Audienzzimmer. Für die Gästezimmer wurden Halbseidenbespannungen verwendet.

Großer Wert wurde ebenfalls auf die Lieferung preußischer Seiden ins Ausland gelegt. Auch hier wurden günstige Bedingungen durch großzügige Anreize zur Förderung der Manufakturen geschaffen. Abnehmer waren u.a. Fürstenhöfe in Polen, Russland oder Danzig.

Als textile Bespannung verwandte man Satinaden, Atlas, Damaste und Samte, die auch mit goldenen oder silbernen Tressen und Fransen reich besetzt sein konnten.

Im 18. Jahrhundert waren besonders Dekorationen in Pastelltönen beliebt. Friedrich der Große erfreute sich vor allem an den Farben Hellblau, Rosa, Pfirsichblüte, Seladongrün und Silber. Zum Färben des Seidenmaterials verwendete man Naturstoffe. Die Muster wurden wenig variiert. So findet man auch in den anderen preußischen Schlössern dieselben Motive in veränderter Farbigkeit wieder. Für die Ausstattung des Schlosses Sanssouci lieferte nur eine Berliner Manufaktur die benötigten Seidenstoffe. Das zwanzig Jahre später, nach dem Siebenjährigen Krieg, erbaute Neue Palais konnte bereits durch ca. zehn verschiedene Seidenwebereien ausgestattet werden. Qualitative Unterschiede gibt es in der Ausstattung zwischen den Räumen der Königswohnung und den Gästezimmern, in denen u.a. Halbseidenstoffe Verwendung fanden.

Erst bei genauerer Betrachtung erschließt sich die Phantasie der Motive, einige wurden in veränderter Farbigkeit für die Ausgestaltung anderer Schlösser wiederholt.

Im Schloss Sanssouci haben die Seidenbespannungen oder -bezüge durch die Ausrichtung der Räume zur Südseite leider nur eine Lebensdauer von durchschnittlich 30 bis 40 Jahren. Durch starke Lichteinwirkungen, Temperaturwechsel, Feuchtigkeit und Schädlinge kommt es letztendlich zur Zerstörung des Gewebes. Bereits im 19. Jahrhundert wurden in den preußischen Schlössern hohe denkmalpflegerische Maßstäbe gesetzt. So wurden häufig die Seidenstoffe fadengetreu bis ins Detail nachgearbeitet.

Borten, Fransen, Schnüre oder Quasten werden vom so genannten Posamentierer in Handarbeit oder mit Spezialmaschinen gefertigt.

Auch Details wie Fransen, Borten oder Posamenten unterliegen den Einwirkungen der Zeit. Hier der Teil einer Ballettenfranse aus dem Voltairezimmer (Blumenkammer) im alten Zustand (oben) und nach der Rekonstruktion (unten).

Das »Voltairezimmer«

Das vierte Gästezimmer ist ein ganz besonderer Raum. Anders als in den übrigen Schlossräumen sind die kunstvoll variierten Rocaillen fast verschwunden. Hier herrscht die Natur in ihrer ursprünglichen Form. Nicht durch glänzendes Blattgold verfremdet, sondern in natürlicher Farbigkeit präsentiert sich eine Vielfalt von Früchten, Blumen und Blumengirlanden sowie einheimischem und exotischem Getier. Kunstvoll geschnitzt beleben sie die gelblackierten Wandfelder. Die Blumenmotive werden an der Decke wieder aufgenommen. Dort sind sie aus Stuck geformt oder aus bemaltem Eisenblech getrieben und hängen, zu einem losem Kranz gewunden, wie von einem Spalier herab. In älteren Beschreibungen wurde dieses Gästezimmer wegen seiner Dekoration auch »Blumenkammer« genannt.

Bis 1753 schmückten das Gästezimmer auf die Wände gemalte silbrige Rokokoornamente und passend dazu versilbertes Mobiliar. Versilberte Möbel zeugen vom eigenwilligen Geschmack des Königs. In der Bettnische sind noch heute die ursprünglichen Ornamente, die » mit feinen Silber Erhöhet« waren, sichtbar.

Der Name Voltairezimmer ist auf die fälschliche Annahme zurückzuführen, der berühmte französische Philosoph und Dichter Voltaire habe während seines Potsdam-Aufenthalts hier gewohnt.

Im Alkoven des Voltairezimmers ist noch die ursprüngliche ornamentale Bemalung zu sehen.

Das plastische Spiel mit der Natur setzt sich an der Decke fort. Ein Blütenkranz aus Stuck und Eisenblech, kunstvoll bemalt, scheint über allem zu schweben.

Kirschen im März

Die kunstvoll geschnitzten Früchte des Voltairezimmers geben einen Eindruck vom Reichtum der Obstsorten aus den Gärten Friedrichs des Großen. Allein auf den Terrassen unterhalb des Schlosses Sanssouci waren in den warmen Monaten 700 Kübel mit Orangenpflanzen aufgestellt. Außer Wein und Feigen wuchsen Pfirsiche und Aprikosen an Spalieren. Um schon vor der eigentlichen Reifezeit über frisches Tafelobst zu verfügen, wurden ab 1772 die gesamten Treibwände verglast. Die findigen Gärtner erdachten sich außerdem spezielle Aufbewahrungsräume, in denen im November geerntete Trauben bis in den Februar hinein gelagert werden konnten. Außerdem befanden sich in der Gartenanlage Treibhäuser für Melonen, Pisang (Bananen)und Ananas. An geschützten Treibmauern reiften frühzeitig Kirschen, Pflaumen und andere Obstsorten. Nur so war es möglich, die königliche Tafel täglich mit frischem Obst zu versorgen oder geschätzte Persönlichkeiten mit einem Geschenk aus den Treibhäusern zu erfreuen. Einmal konnte Friedrich seine Mutter zu ihrem Geburtstag am 26. März sogar mit einer Schale frisch geernteter Kirschen überraschen.

Vorhergehende Seite: Das vierte Gästezimmer überrascht durch seine plastischen Blumen- und Tierschnitzereien von Johann Christian Hoppenhaupt d. J. (1719–1778/1786?), deren naturalistische Wirkung durch die Bemalung von Augustin Dubuisson (1700–1771) noch verstärkt wird.

»Roter Muskateller« eine historische Rebsorte, die im 18. Jahrhundert angebaut wurde.

Obst und Gehölz als kunstvolle Holzschnitzereien aus dem Voltairezimmer.

Der Hofdamenflügel

Die Baugeschichte

Gleich nach seiner Thronbesteigung 1840 wählte Friedrich Wilhelm IV. Schloss Sanssouci als seinen Sommersitz. Er und seine Gemahlin Elisabeth von Bayern bewohnten die Gästezimmer des Schlosses. Gleichzeitig ordnete er den Umbau der Seitenflügel an.

Wie schon Friedrich der Große, beschäftigte sich auch Friedrich Wilhelm IV. mit Architektur. Im Gegensatz zu seinem Vorfahren blieben jedoch seine architektonischen ebenso wie seine politischen Vorstellungen oft Phantasien. Als »Romantiker auf dem Thron« ging er in die Geschichte ein. Außergewöhnlich musisch begabt, genoss er Dank seiner unkonventionellen Mutter, der Königin Luise, eine fortschrittliche Bildung. Nach seiner Aussage wäre er statt König lieber Architekt geworden. Selbstironisch bezeichnete sich Friedrich Wilhelm nicht wie die üblichen Thronfolger als »Dauphin«, sondern wegen seiner Leibesfülle als »Butt«. Schon als Kind entwickelte er eine besondere Hochachtung seinem Urgroßonkel gegenüber.

Mit seinem Regierungsantritt 1840 bezog Friedrich Wilhelm IV. die Gästezimmer des Schlosses und ließ noch im gleichen Jahr die Seitenflügel aufstocken. Als Hofdamenflügel beherbergte die eine Seite Gästeappartements, auf der anderen Seite wurde die Schlossküche untergebracht.

Im »göttlichen« Sanssouci zu wohnen war für Friedrich Wilhelm IV. eine Möglichkeit, sich Friedrich II. und seiner Welt zu nähern. Im Schloss seines großen Ahnen zu regieren, bedeutete nicht nur eine große Ehre für ihn, sondern war ein Mittel der Rechtfertigung des ins Wanken geratenen Machtanspruchs. Dank seiner Wertschätzung gegenüber Friedrich dem Großen, ging Friedrich Wilhelm IV. beim Anbau der Seitenflügel äußerst sensibel vor. Schon der Entwurfszeichnung ist deutlich anzusehen, dass beim Umbau größter Wert auf eine geschlossene Architekturgestaltung ganz im Sinne des Erbauers von Sanssouci, Georg Wenzeslaus von Knobelsdorff, gelegt wurde.

Auf einer ersten Skizze hat Friedrich Wilhelm IV. seine Vorstellungen vom Umbau der Seitenflügel des Schlosses Sanssouci festgehalten. Der Neubau sollte sich dem alten Stil des Schlosses unterordnen.

Die neuen Baumeister Ludwig Persius und Ferdinand von Arnim, beide Schüler Karl Friedrich Schinkels, ordneten sich geschickt der neuen Aufgabe unter. Auf der Gartenseite hinter den Laubengängen verborgen, passen sich die Seitenflügel in Höhe und Gliederung dem Hauptschloss an und auch von der Hofseite nimmt man den Hofdamenflügel nicht als späteren Anbau wahr.

Das Gemälde von Franz Krüger (1797–1857) zeigt Friedrich Wilhelm IV. in seinem Arbeitszimmer im Berliner Schloss um 1846.

Der »einfache Roccoco-Styl« für die Hofdamen

Der Rückgriff auf die Zeit Friedrichs des Großen ist bei Friedrich Wilhelm IV. Programm. Wie im Hauptschloss befinden sich auch im Hofdamenflügel die Dienerzimmer im Norden und im Süden die Appartements für die Hofdamen und Kavaliere. Die einzelnen Gästequartiere sind mit einer »enfilade« verbunden, die, ganz in barocker Manier, einen großzügigen Durchblick gewährt. Friedrich Wilhelm IV. forderte auch bei der Einrichtung der Gästeräume den »einfachen Roccoco-Styl« beizubehalten. Neben schlichteren einheimischen Produkten fanden kunstvoll verzierte Möbel aus St. Petersburg ihren Platz.

Dem Zeitgeschmack entsprechend zieren außerdem eine Vielzahl von Kleinplastiken und Gemälden die Gästeräume. Eine Fülle von Zier- und Gebrauchsgegenständen, die zum Teil als Geschenke oder Erinnerungsstücke in die Schlösser kamen, geben einen Einblick in den privaten Lebensbereich des Königspaares. Einziges modernes Zugeständnis scheinen die »Water-Closets« zu sein. Sie galten als das Neueste, was der Markt in der Mitte des 19. Jahrhunderts zu bieten hatte.

Der Schreibsekretär mit Beistelltisch aus Rosenholz steht in einem der oberen Gästezimmer. Diese Möbel gehörten zur ehemaligen Ausstattung der Wohnung Königin Elisabeths im Potsdamer Stadtschloss und sind ein Beispiel höfischer Wohnkultur dieser Zeit. Sie waren ein Geschenk der russischen Zarin, einer Schwester Friedrich Wilhelm IV., an Elisabeth.

»Water – Closets« waren in der Mitte des 19. Jahrhunderts eine Neuheit und die Ausstattung der Gästezimmer damit eine kleine Sensation.

Sehr persönliche Gegenstände des Königspaares befinden sich auf dem Schreibtisch aus dem Weißen Zimmer. In der Kassette in Form eines Albums befinden sich heute noch Papiervorräte der Königin und der kleine blaue Notizkalender enthält einen letzten Bleistiftstrich des schwerkranken Königs.

Das Traumzimmer – »ein wahres Bijou des feinen Geschmacks«

Ein Traum veranlasste König Friedrich Wilhelm IV., Ludwig Persius mit der Ausstattung eines Zimmers im Damenflügel zu beauftragen. Dabei hatte Friedrich Wilhelm IV. die grün boisierte Kammer Friedrichs des Großen aus dem Charlottenburger Schloss im Kopf, die er als Teezimmer nutzte. Nach seinem Traum war die Einrichtung des »grün, mit Silber decorierten Zimmer(s), ein wahres Bijou des feinen Geschmacks.« Der erste Entwurf von Persius entsprach nicht den Vorstellungen des Königs und so befahl er: »Sie wissen, dass ich einmal von der Ausstattung des Zimmers geträumt habe und deshalb wollen wir die Sache durchsetzen«. Das Traumzimmer ist in seiner Einrichtung in wesentlichen Teilen erhalten geblieben. Die grünen Wandfelder sind mit versilberten und mit Schnitzwerk versehenen Leisten umrahmt und kontrastieren zu den purpurfarbenen Polstern der Sitzmöbel und Vorhänge.

Die von Ludwig Persius vorgesehene schlichtere Gestaltung wurde auf Anweisung des Königs im darüber liegenden Zimmer angebracht.

Spiegelungen im »Traumzimmer«.

Von diesem »Traumzimmer« hatte Friedrich Wilhelm IV. einst geträumt und kurze Zeit später wurde sein Traum im Hofdamenflügel des Schlosses Sanssouci aufwändig gestaltete Wirklichkeit.

Das Bildnis der Prinzessin Luise von Preußen

In den auf der Nordseite gelegenen Dienerzimmern befindet sich heute eine bedeutende Sammlung von Gemälden aus der Biedermeierzeit. Neben den duftigen Landschaftsskizzen von Karl Blechen bezaubert den Betrachter vor allem das Porträt der Prinzessin Luise von Preußen von Karl Wilhelm Wach.

In gelassener Anmut sitzt die Prinzessin auf einem thronartigen Sessel. Ihre Füße ruhen auf einem kostbaren seidenen Kissen. Mit malerischer Akribie und Meisterschaft behandelt der Künstler jedes Detail auf das Genaueste. Fast ist man geneigt, mit der Hand die sanfte Glätte des Seidenkleides nachzuspüren.

Wie auf Gemälden der Renaissance gibt ein Fensterausschnitt den Blick auf eine Landschaft frei. Hier ist es die Terrassenanlage mit dem Schloss Sanssouci und einer Schale Orangen im Vordergrund. Dieser Ausschnitt ist als Hinweis auf ihre Herkunft als preußische Prinzessin zu verstehen und der Brautkranz in ihrer Hand deutet auf die bevorstehende Vermählung hin. Das Gemälde wurde als offizielles Auftragswerk zur Hochzeit der preußischen Prinzessin mit Friedrich, dem Prinzen der Niederlande, in Auftrag gegeben. Als solches hat es in erster Linie repräsentativen Charakter. Wach gestaltete das Bildnis in der Art barocker Staatsporträts. Doch die notwendigen Hoheitszeichen wie Hermelinmantel, Krone oder die palastartige Architektur im Hintergrund wirken wie Beiwerk, da der mädchenhafte Charme der jungen Braut wenig zu den Machtinsignien passen will. Diese Diskrepanz macht den Reiz des Gemäldes aus und charakterisiert die Prinzessin als Nachfolgerin ihrer Mutter, der Königin Luise von Preußen, von deren liebreizender Ausstrahlung man heute noch spricht.

Luise von Preußen war die schöne Tochter der Königin Luise. Karl Wilhelm Wach (1787–1845) malte sie 1825 als Braut.

Als Zeichen baldiger Vermählung hält die Prinzessin den Brautkranz in ihren Händen.

Die Fruchtschale mit Orangen und Orangenblüten spielt auf die zukünftige Verbindung der preußischen Prinzessin mit Friedrich der Niederlande aus dem Hause Oranien an.

Die Schlossküche

Köstliches aus Töpfen und Pfannen

Im Gegensatz zu seinem großen Vorbild Friedrich dem Großen wollte Friedrich Wilhelm IV. mit seiner Gemahlin und einem kleinen Hofstaat das Schloss dauerhaft bewohnen, dadurch wurden einige Umbaumaßnahmen notwendig. So entstand durch den Architekten Ludwig Persius und den ausführenden Baumeister Ferdinand von Arnim bis 1842 u.a. die große Schlossküche mit der angrenzenden Backstube. Im Kellerbereich wurden eine Konditorei, ein »Eisbereitungslokal« und die Weinkeller untergebracht. Neben Vorratsräumen gab es auch eine Kaffeeküche, eine Licht- und eine Weißzeugkammer sowie die Silberputzkammer.

Die Schlossküche wurde nur bis zum Tode der Königin Elisabeth im Jahre 1873 genutzt, so dass man sie heute noch, mit Ausnahme der nicht mehr vorhandenen Bratspießanlage, in ihrem Originalzustand bewundern kann. Als Referenz an die bayerische Herkunft der Königin Elisabeth wurde die farbliche Gestaltung der Küche in weiß-blau gehalten.

Prunkstück des Inventars ist die Kochmaschine mit Messingbeschlägen und einer umlaufenden Stange aus dem gleichen Material. Die so genannten Sparherde wurden erst in der Mitte des 19. Jahrhunderts entwickelt, daher gehört dieses Modell zu den modernsten seiner Art. Durch die geschlossene Bauart konnte im Gegensatz zu offenen Feuerstellen viel Heizmaterial eingespart werden. Eine Besonderheit dieser Kochmaschine ist ihre Zugänglichkeit von allen vier Seiten. So konnten die Hofköche ungehindert arbeiten und die unterschiedlichen Wärmestellen des Herdes optimal nutzen. Es gab verschiedenste Koch- und Bratstellen, eine kleine Spießanlage, Bratröhren, einen Wärmeschrank und eine Wasserblase, aus der ständig warmes Wasser entnommen werden konnte.

In der ca. 115 Quadratmeter großen Schlossküche wurden im 19. Jahrhundert die Gerichte für die königliche Tafel in Sanssouci zubereitet. Die Küche Friedrichs des Großen war um ein Vielfaches kleiner und befand sich im westlichen Seitenflügel des Schlosses.

Ein beliebtes Gestaltungsmotiv in der Zeit um 1850 sind kranzschwingende Siegesgöttinnen, wie sie sich auf der rechten Seite des Herdes befindet.

Die Vorgänger der Kochmaschinen waren die so genannten Castrolherde, auf denen über halbgeschlossenen Feuerstellen gekocht werden konnte. Zum Warmhalten der Speisen und zum Vorwärmen des empfindlichen Porzellans wurden Wärmeschränke eingerichtet.

Gekocht wurde häufig mit Küchengeräten aus Kupfer. Peinlich genau achtete man aber darauf, dass die Töpfe und Pfannen regelmäßig neu verzinnt wurden, um Vergiftungen durch Grünspan vorzubeugen. Daneben nutzte man auch Küchengeräte aus Messing, Eisen und Weißblech.

An Stelle eines Fleischwolfes gebrauchte man den Mörser zum Zerkleinern von Fleisch oder Schalen- und Krustentieren, aber auch von Salz, das in großen Brocken geliefert wurde.

Vor den Fenstern findet man im Fußboden eingelassene Holzbretter, die für die Angestellten als Schutz vor zu starker Bodenkälte an ihren Arbeitsplätzen vorgesehen waren. An eben diesen Stellen standen Arbeitstische, die heute durch Nachbildungen ersetzt sind. Den Originalen entsprechend, sind sie aus Kiefernholz gearbeitet und mit einer Rotbuchenplatte versehen.

Verantwortlich für die Küchenarbeiten war der Küchenmeister, der gleich neben der Küche seine Schreibstube hatte. Er besaß die Oberaufsicht über ca.

Zum Zerkleinern von Schalen- und Krustentieren, aber auch von Salz wurde der Mörser verwendet.

Um ständig frisches Wasser zu haben, wurde diese Pumpe eingebaut. Bis zu ihrer Installation kam das Wasser von einem Brunnen in der Nähe der Küche.

30 Angestellte, die u.a. als Küchenschreiber, Hofköche, Kellereibedienstete oder als »Beyläuferin« und »Abwäscherin« ihren Dienst am Hof versahen.

Was sich an Tagen ohne Staatsbesuch oder offiziellen Anlass im Schloss Sanssouci unter Friedrich Wilhelm IV. zutrug, berichtet Fedor von Köppen, ein junger Offizier, der häufig zu den geistreichen Gesprächen an der Tafel des Königs eingeladen war. »Zum Abendessen wurde nicht besonders gedeckt, sondern es wurden nur zwei Strohteller vor eines jeden Platz auf den Tisch

Küchengerät aus der Zeit um 1850.

Neben der Backstube gab es im Wirtschaftsflügel auch eine Konditorei, ein »Eisbereitungs-lokal« und die Weinkeller.

Küchengerät aus der Zeit um 1850 (Detail).

gelegt, ein runder für das Porzellan, ein länglicher für die Bestecke. Es wurde nur ein Gericht serviert. Der König trank des Abends keinen Wein, ein bis höchstens zwei Glas Champagner.« Im Schloss Sanssouci wohnte man zwischen Mai und November. In dieser Zeit wurde auch die Küche genutzt. Vor allem bei familiären Festlichkeiten war Sanssouci ein beliebter Ort des Beisammenseins. Da die Räume wegen ihrer geringen Größe nicht für Staatsbankette geeignet waren, fanden hier Geburtstagsfeiern der Familienmitglieder statt, ebenso die Silberhochzeit des Königspaares, der 60. Geburtstag und das 50jährige Militärjubiläum des Königs.

Neben der großen Küche befindet sich die Backstube, die sich wiederum in zwei Räume teilt. Der hintere Raum enthält den Backofen, der, wie damals üblich, mit heißen Steinen, Holzkohle oder mit Reisig angeheizt wurde. Um trotz der großen Hitze während des Backvorganges im vorderen Teil des Raumes arbeiten zu können, wurde eine verglaste Tür eingesetzt. Im Arbeitsraum befand sich ursprünglich ein rollbarer Tisch mit einer Arbeitsplatte aus Marmor. Genutzt wurde die Backstube nicht nur zur Fertigung von Broten und Kleingebäck, sondern auch zur Herstellung von Pasteten, die im 19. Jahrhundert sehr beliebt waren. Über eine Wendeltreppe gelangte man in die Konditorei, die sich genau unter der Backstube befand. Die kühleren Räume im Kellerbereich waren dafür, wie auch für das »Eisbereitungslokal« und die Weinkeller, ideal geeignet.

Dem Umstand, dass Friedrich Wilhelm IV. gern und überall zeichnete, ist es zu verdanken, dass wir heute wissen, was auf der königlichen Tafel des 19. Jahrhunderts serviert wurde. Menükarten wurden nur zu besonderen Anlässen angefertigt. Für den Alltag genügte ein Tagesspeisezettel: »Bouillon Suppe, Kibitz Eier, Kapaun mit Austern, Grünebohnen mit Kalbsmilch, Kalbsnierbraten, Kuchen, Compot, Sallat«.

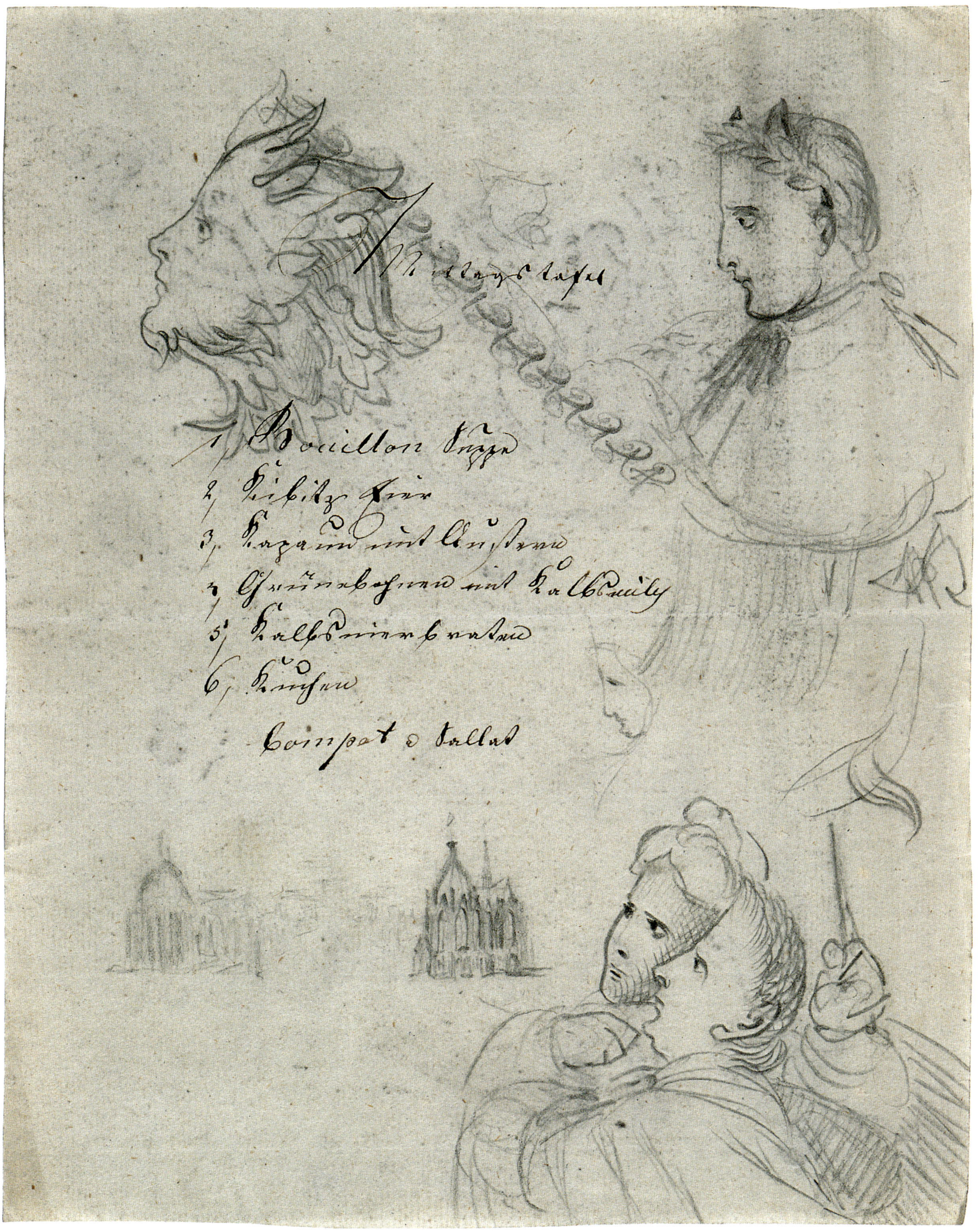
Mittagstafel
1, Bouillon Suppe
2, Kibitz Eier
3, Ragoût mit Austern
5, Kalbsnierenbraten
6, Kuchen
Compot & Sallat

Umschlagvorderseite: Schloss Sanssouci, Gartenseite
Vordere äußere Umschlagklappe: *Friedrich der Große*, Gemälde von Anton Graff
Vordere innere Umschlagklappe: Parkplan Sanssouci und Grundriss Schloss Sanssouci
(Kartografie und Grundrisse © SPSG, Michael Benecke)
Hintere innere Umschlagklappe: Stammbaum der Regenten des Hauses Hohenzollern von Kurfürst Friedrich Wilhelm von Brandenburg bis Kaiser Wilhelm II.

Fotonachweis: Sämtliche Abbildungen stammen aus dem Archiv der Stiftung Preußische Schlösser und Gärten Berlin-Brandenburg (Fotografen: Jörg P. Anders, Roland Handrick, Gerhard Murza, Wolfgang Pfauder u.a.) mit Ausnahme von:
© 2003, Andy Warhol Foundation for the Visual Arts / ARS, New York;
© Klaus Frahm/artur: Titelbild, Seite 1, 2 rechts oben und links, 2. von oben, 5, 6–7, 25, 28, 30, 32, 33 unten, 35, 38, 44, 46 links, Rückseite links Mitte;
Hagen Immel, Potsdam: Seite 2 unten, 10, 14 rechts, 14 unten, 19, 24, 27 links, 39, 42, 43 rechts, 47, 49, 50, 51, 52, 54-55, 60, Rückseite unten;
Ullstein Bilderdienst, Berlin: Seite 29 unten

Die Deutsche Bibliothek verzeichnet diese Publikation in der Deutschen Nationalbibliografie; detaillierte bibliografische Daten sind im Internet über http://dnb.ddb.de abrufbar

Prestel Verlag, Königinstraße 9, D-80539 München
Tel.: +49 – 89 - 381709-0, Fax: +49 – 89 - 38170935
e-mail: info@prestel.de
www.prestel.de

Lektorat: Frauke Berchtig
Gestaltung: Maja Kluy, Berlin
Reproduktionen: LVD, Berlin
Druck und Bindung: Print Consult, München
Gedruckt auf chlorfrei gebleichtem Papier
Printed in Slovakia

ISBN 3-7913-2823-9 (deutsche Ausgabe)
ISBN 3-7913-2874-3 (englische Ausgabe)

Die Faszination der Persönlichkeit Friedrichs des Großen animierte Andy Warhol (1928–1987) zu mehreren Adaptionen des Friedrichbildnisses von Anton Graff (1736–1813). Eine Leihgabe des Wuppertaler Kunstsammlers Dieter Rosenkranz befindet sich in den ehemaligen Dienerschaftsräumen am Ende des Schlossrundganges.